爵士乐群英谱

村上春树 著
和田诚 画
林少华 译

上海译文出版社

目录

前言

和田诚

上初中时我非常喜欢看电影。当时看的是《排行榜》(Hit Parade), 讲的是丹尼·凯[①]扮演的钻在象牙塔里研究古典音乐的迂腐至极的教授某一天得知爵士乐的存在，于是上街听个没完。

这部以喜剧手法拍摄的电影也是爵士乐入门教材。本尼·古德曼 (Benny Goodman)、汤米·道尔西 (Tommy Dorsey)、路易斯·阿姆斯特朗 (Louis Armstrong)、莱奥内尔·汉普顿 (Lionel Hampton) 等出类拔萃的音乐家们联翩出场，一显身手。

这样，电影与爵士乐几乎同时来到我身旁。我首先亲近的是电影中一再出现的摇摆乐 (Swing)，由此上溯听了老爵士乐。高中时代对爵士乐的历史发生兴趣，同时，“比博普” (Bebop) 也诞生了，又不能不听这种新爵士乐。

上大学的时候，塞隆纽斯·蒙克 (Thelonious Monk) 和迈尔斯·戴维斯 (Miles Davis) 已经是大师了，“背包嘴”（指路易斯·阿姆斯特朗，因其天生一张“背包嘴”——译注）和埃林顿公爵 (Duke Ellington) 很是活跃，乔治 · 刘易斯 (George Lewis) 和“小子”奥赖 (Kid Ory) 也还年富力强——我听了许许多多各个时期各种类型的爵士乐。

这时间里我长大成人了。音乐我固然非常喜欢，但并未将其作为职业，而选择了插图画家的道路。偶尔也举办画展。个人画展不同于工作，可以自由选定主题，这时，我的题材大多是自己喜欢的电影和音乐。

1992 年举办的个人画展的主题是“JAZZ”，随便选了二十位爵士音乐家作画。那时的画引起了村上春树的注意，为之配写了随笔。1997 年春举办了“SING”画展，从中选出爵士乐方面的，再加上新画的，集二十六人成此一册。

村上对爵士乐的感情比我更热更深。展览会上的画原本都已各嫁其主流落四方了，这次由于有了村上的文章而得以重聚一堂，实在令人欣慰。

---

① 美国喜剧演员（1913—1987）。

查特·贝克（Chet Baker）

查特·贝克的音乐，洋溢着纯粹的青春气息。在爵士乐全盛时代留下名字的音乐家固然为数不少，但让人如此活生生感受到“青春”气息的人，除了他还有谁呢?

贝克创作的音乐里有一种令人胸颤的痛楚，一种萦绕心头的印象，而那是唯独他的音色和如歌的乐句才能传达的。他可以将其作为空气极为自然地吸入肺腑，再作为气息呼出体外，几乎不见人工雕琢的痕迹。也无须雕琢，因为他自身即是“特殊存在”。

然而他得以保持“特殊存在”的时间绝不算长。其辉煌恰如盛夏绚丽的晚霞，倏忽间被夜色吞没。吸毒造成的低落情绪如到期的债款一般压得他不得翻身。

贝克长得像詹姆斯·迪恩，不但五官相似，其存在本身的超凡魅力和自毁倾向也如出一辙。两人贪婪地吞食时代的硕果，将获得的营养慷慨地撒向世界，几乎毫无保留。但贝克和迪恩不同，他活过了那个时代，而这——说法或许过分——是查特·贝克的悲剧。

70 年代贝克得以复出并重新受到评价，从个人角度我当然欢喜。但我宁愿把贝克 50 年代中期——那时他同他的时代发生了正面冲突，雷鸣电闪火光四溅——西海岸那直率而富有激情的演奏永远留在脑际。

查特·贝克的初期名奏，可以从格里·穆里根 (Gerry Mulligan) 的四重奏原作中听到，但他本人在四重奏里的演奏也十分出色。这张太平洋 (Pacific) 唱片公司的十英寸盘，作为转盘式录音为期最早，其清新得近乎笨拙的吱吱咯咯的音色和乐句自有打动人心之处。钢琴手拉斯·弗雷曼 (Russ Freeman) 那爽净明快的独特指法赋予贝克的小号声所酿出的“执著”以鲜活灵动的背景。

他在单簧管四重奏中的演奏初听之下热情奔放，实则有一种深沉的孤独况味。无颤音的号声平地拔起，直冲云霄，而又

M. Wada 92

奇异地全然不留余音，在歌声尚未充分成声的时间里便被包围我们的墙壁吞噬一尽。

并不是技术上有多么老到，艺术上亦非炉火纯青，演奏惊人地随心所欲。我们甚至为之感到不安：这么演奏，不会在哪里摔跟头？不会"喀吧"一声摔断？号声是那样高洁那样幽怨。其中或许没有划时代的底蕴，但底蕴的阙如反而撞击摇撼我们的心，它类似我们在哪里体验过的什么，极为相似。

查特 · 贝克四重奏
CHET BAKER QUARTET(Pacific Jazz PJLP-3)
本书中的唱片及其编号均据作者（村上）私人收藏唱片

查特 · 贝克 (1929—1988)
生于俄克拉何马州。1952 年参加中音萨克斯演奏者穆里根的无钢琴四重奏乐队。翌年独立组建自己的小型爵士乐队。以其冷峻而抒情的小号和中性嗓音成为西海岸爵士乐坛的明星。由于毒品的困扰，60 年代长期销声匿迹。1973 年重新登台。1988 年出演纪实影片《让我们迷失》(Let's Get Lost)，未待首映即客死荷兰。

本尼·古德曼（Benny Goodman）

以今天的眼光看，“摇摆乐之王”（“King of Swing”）本尼·古德曼给人一种挥之不去的印象，即他是一位十分保守的善于商业操作的音乐家。然而正是此人打破了黑人音乐家同白人音乐家不在同一乐队并肩演奏这条往日音乐界不成文的金科玉律。他邀请颤音琴手莱奥内尔·汉普顿、钢琴手泰迪·威尔逊（Teddy Wilson）、吉他手查理·克里斯蒂安（Charlie Christian）加入乐队，周围人就此说三道四他也不以为意。仅凭这一点就足可以说本尼·古德曼是个忠于音乐之人。只要乐器发出的声音妙不可言，只要兴高采烈地摇摆，即使鱼身人他恐怕都会雇用。

对古德曼来说，较之皮肤的颜色，需要优先考虑的更是招揽各时期优秀的音乐家、纳入新的气息、使自己的乐队始终不失为第一线富有刺激性的存在。不过，许多年后他把祖特·西姆

M. Wada 92

斯 (Zoot Sims) 和菲尔 · 伍兹 (Phil Woods) 等纯粹的现代派网罗进去时，事态终究变得不可收拾，发生了一场骚动。这场乱子的来龙去脉在低音大提琴手比尔 · 克劳 (Bill Crow) 写的《再见鸟国》里面有详细记述。话虽这么说，但这支即使是属于折衷产物的乱哄哄的乐队，从其遗留的唱片听来也还是不同凡响的，绝不能说古德曼最后事与愿违。

尽管如此，提起本尼 · 古德曼，我们记忆犹新的，也还是 30 年代后半期至 40 年代录制的无数名奏。这一黄金时代录制的古德曼的演奏，随便哪一次都无与伦比，青年才子 (当时才二十几岁) 埃迪 · 索塔尔 (Eddie Sauter) 专门为古德曼编的组曲，演奏起来确实有一种耳目一新之感,有一种与往日的“摇摆之王”路数有所不同的朝气蓬勃的魅力。古德曼甜美而富有摇摆韵味的艺术气质同索塔尔不无硬涩的智性风格浑融一体的音乐于是乎在乐坛崛起，不但品位超拔，而且极具娱乐性。

古德曼老大哥想必也受到了索塔尔编曲激情的感染。如他在《恒河月光》(Moonlight on the Ganges) 中的单簧管独奏就相当激进，富于现代色彩，含有仿佛在说“不能让你们把爵士

本尼·古德曼献给埃迪·索塔尔

BENNY GOODMAN PRESENTS EDDIE SAUTER ARRANGEMENTS

(Columbia CL-523)

本尼·古德曼 (1909—1986)

生于芝加哥犹太人家庭。10 岁开始接触单簧管，同许多音乐家同台演奏，技艺日臻精湛。30 年代率领自己组建的管弦乐队和小型爵士乐队演出，作为摇摆乐时代的中心人物大显身手。1938 年获“摇摆乐之王”之称，在古典音乐殿堂“卡内基音乐厅”成功举办首次爵士乐音乐会，并以录用优秀音乐家不问黑白种族而闻名。

乐称为轻松逗笑的把戏”的冲击力。古德曼当时也还年轻，本身也处于饥渴状态，其热情洋溢的现场演奏《卡内基音乐厅》(Carnergie Hall) 诚然独步一时，但终究不无久听生厌之处。而这种时候,最好欣赏这张《本尼·古德曼献给埃迪·索塔尔》(Benny Goodman Presents Eddie Sauter Arrangments)。

本尼 · 古德曼所演奏的埃迪 · 索塔尔组曲，遗憾的是 (说理所当然亦属理所当然) 未曾受到普遍欢迎。若干年后，索塔尔同斯坦 · 盖茨 (Stan Getz) 推出了堪称造型美极致的优秀作品——《焦点》(Focus)。

查理·帕克 (Charlie Parker)

《鸟儿与晕眩》(Bird And Diz) 这张唱片的演奏成员，可谓莫名其妙的搭配。“晕眩”吉尔斯比 (Dizzy Gillespie) 和低音大提琴手加里·拉赛尔 (Curley Russel) 自是顺理成章，非其莫属；意外的是唱片商诺曼·格兰兹 (Norman Granz) 领来了鼓手巴迪·里奇 (Buddy Rich),“鸟儿”(Bird，即帕克) 领来了无事可干的塞隆纽斯·蒙克。于是，一个没有统一性的五重奏便当场拼凑出来了。

里奇当时最为走红，以空前高超的技术乒乒乓乓击鼓不止，酬金也高得令人咂舌。而蒙克的前卫风格则尚未被一般人理解，没人捧场，没有工作，只好默默地做好自己喜欢的事。由此不难预测，里奇与蒙克风格截然不同，两人分别追求自家风格，完全不理会对方搞什么。

我时常感到纳闷儿：那天两个人见面到底说什么了呢？性格恐怕也不大合得来吧——当然这是我自以为是的想像——至少据我所知，那以后两人应该再未见面。

最初听此唱片的时候，我遗憾地想道：若鼓手是马克斯·罗奇 (Max Roach) 或肯尼·克拉克 (Kenny Clarke) 该有多好。蒙克的钢琴犹如刚刚削成的楔子一般锐利逼人、寸步不让（独奏机会不多，但其独辟蹊径的伴奏堪称一绝），而里奇那劈头盖脑的摇摆乐概念鼓点委实令人兴味索然——它是那样地故弄玄虚、自鸣得意，不知收敛为何物。

不过最近重新听来，竟不由心悦诚服：唔，不管怎么说三道四，巴迪·里奇打鼓也还是蛮有两手的！事情也真是不可思议。故弄玄虚、不合时宜这一印象固然没有改变，但也许是年龄的关系，我开始充分认识到终究是里奇那“过剩的”鼓点给这场演奏带来了独特的愉悦。彰显蒙克特立独行的钢琴的方向性的，同样是里奇不管三七二十一的“重锤猛打”。而若换成罗奇、克拉克，有可能因其过于规范而不够淋漓尽致。

里奇的鼓点说吵闹也的确吵闹，不过细听之下，可以听得

M. Wada 92

出它决不妨碍周围的音乐。因为每个关键之处他都把握得恰到好处，不愧是风靡一世的艺人。如此想来，诺曼·格兰兹很可能具有作为“指挥员”的独到而罕见的才干。只要听一下开头“Bloomdido”那一声紧似一声的铙钹序曲，就会不由解颐：不错啊！

本来要写查理·帕克，结果清一色成了巴迪·里奇。

鸟儿与晕眩
BIRD AND DIZ(Verve MGV-8006)

查理·帕克 (1920—1955)

生于堪萨斯州。从 1942 年开始，同“晕眩”吉尔斯比等人一起多次举行爵士乐音乐会，成为开现代爵士乐先河的“比博普”核心人物。他以非凡的技巧表达充沛的匠心和音乐情感，系确立爵士乐即兴演奏的天才中音萨克斯演奏家。绰号“鸟儿”。其短暂的一生被过度吸毒、嗜酒以及无数传闻点缀得扑朔迷离。

胖子沃勒 (Jats Waller)

在胖子沃勒创作的数量有限的名曲之中，我特别喜欢《吉特巴华尔兹》(Jitterbug Waltz)。

那是他在早已远去的40年代初创作的旧曲，旋律颇有些出格离谱，飘飘忽忽上上下下，一副目中无人的神气，而且和弦的推进也不无奇妙。作为音乐，越听越让人如坠五里云雾，不知其是求新还是守旧，是单纯还是复杂，是认真还是马虎。但不管怎么说，却是奇异地留在耳底的音乐。蓦然回神，我竟已站在厨房里哼出声来：滴、啦里啦里啦里啦里啦……

也许这仅仅是我个人的引申式感想，而不具有宽泛的普遍性。不过每次听得此曲，我都有一种感觉，仿佛往昔在某处见过的温馨光景在心底倏然复苏，又觉得那悠扬舒缓的旋律唤醒了孩提时代某件事的记忆。

这么比较或许有欠自然，每当听到雷·曼扎莱克（Ray Manzarek）用风琴演奏的"大门"（The Doors）那首《点燃我的火焰》（Light My Fire）令人印象深刻的序曲时，我就不由想起《吉特巴华尔兹》。当然细听起来二者判然有别，但总是让我有这么一种感觉，就好像那不无怪异然而又令人心旷神怡的感觉中有个羊水一般的通底之处。对了，大概不妨称之为"原始风景"。戴着严肃面具的戏谑性、戴着戏谑面具的严肃性。若再往前推进，很可能抵达爱伦·坡和库尔特·拜尔的世界，而那一来话就长了。

此曲我经常听沃勒本人的钢琴，不过其他演奏者也有若干令人满意的演奏。

"爵士通"米歇尔·路格兰的《路格兰爵士》中收录的极其冷峻而洒脱的诠释固然无可挑剔，但作为个人我更喜欢听白人中音萨克斯手海伯·盖勒（Herb Geller）那张质朴无华的黑人宗教民歌名唱片《西部之火》（Fire In The West）里的演奏。在常驻西海岸的音乐家中加进了偶然从东海岸赶来的肯尼·杜汉姆（Kenny Dorham）和雷·布朗（Ray Brown），而杜汉姆尤为有分量。此人乍看并无超群之处，然而只要有他在场，场上的空气就会

海伯·盖勒，西部之火
Herb Geller, FIPE IN THE WEST(Jubilee1044)

胖子沃勒 (1904—1943)

生于纽约。6 岁开始练钢琴，15 岁在业余比赛中获第一名。其后正式受业于伟大的钢琴家詹姆斯·P·约翰逊 (James P. Johnson)。1922 年录制首张唱片。作为跨越弹奏法的钢琴演奏高手留下了深远的影响，作为作曲家亦不同凡响，与歌词作者安迪·拉扎夫（Andy Razaf）一同创作了《杜鹃玫瑰》(Honeysuckle Rose)、《不再风流》(Ain't Misbehavin) 等诸多名曲。

顿时一变，变得适宜于演奏妙不可言的“黑洞”爵士乐。杜汉姆这个人原本就好像具有这种音乐品德。以棒球说来，就是有味道的好二垒手——若无其事的接投足以让人心悦诚服。

虽然带有轻松联欢的氛围，却让人深切地感觉出爵士乐百分之百的气势,《吉特巴华尔兹》原有的主题也传达得惟妙惟肖，的确堪称佳制，令人百听不厌。

阿特·布雷基 (Art Blakey)

我第一次接触“现代爵士乐”(Modern Jazz),是在1963年的“阿特·布雷基与爵士信使”(Art Blakey & Jazz Messengers)音乐会上。地点是神户。我还是初中生，连爵士乐是怎样一种音乐都稀里糊涂,但不知为什么来了兴致,弄到一张票跑去听了一场。当时外国有名的音乐家来日本演出十分罕见，加上大家都说好，大概因此动了听一听的念头。记得是1月间的一个冷天。

站在前排的是弗雷迪·哈伯德(Freddie Hubbard)、韦恩·肖特(Wayne Shorter)、柯蒂斯·福勒(Curtis Fuller)等新手。新组建的典型三管六重奏乐队(如今想来倒是划时代的神奇阵容，但在当时全然不知为何物)，节奏部成员有布雷基、赛达·沃尔顿(Cedar Walton)、列基·沃克曼(Reggie Workman)。短时出场演唱的歌手是约翰尼·哈特曼(Johnny Hartman)。

若说那天晚上听的音乐听懂了没有，老实说那对我毕竟太深奥了。我当时通过收音机听到的主要是摇滚，顶多加上纳特·“金”·科尔，音乐欣赏水平显然不同。那天晚间台上演奏了《无非是个纸月亮》(It's Only A Paper Moon) 和《三盲鼠》(Three Blind Mice)。这两首曲我虽然知道，但他们演奏的同原曲旋律相差甚远。为什么非把原曲旋律彻底破坏、歪曲到那个地步呢？我无法理解其原因、基准和必然性。也就是说，随兴演奏 (adlib) 这一概念在我的知识抽屉里是不存在的。

然而那里边有某种刺透我的心的东西。我本能地感觉到：“眼前这东西是包含着对于我自身的新的可能性的什么，尽管我还无法充分理解。”那恐怕是因为毕竟音乐本身是充实的、积极向上的，而且富于黑人爵士灵歌的激情 (Soulful)。

那时最强烈吸引我的，我想是那气氛 (Tone)。六位意气风发的音乐家所催生的气氛是那样势不可挡、那样咄咄逼人、那样神秘莫测，而且是……黑的！不知何故，我觉得音色是黑的。当然也有视觉上的原因：台上的音乐家全是黑人。但不仅仅是这样。我从其气氛本身感觉出的颜色的确是黑的。而且不是漆黑，

M. Wada 92

而是多少掺杂巧克力色的深黑……我怀着被不由分说染成黑色的心情茫然走回家去。

音乐会之后，我得到了布雷基稍早期的唱片，反复听了许多次。唱片是丰塔纳 (FONTANA) 出品的，收有《危险的关系布鲁斯》，每次听此音乐，对我而言的一个时代的一种状况都历历涌上心头。当然，唱片的封套背景是黑的。

危险的关系

LES LIAISONS DANGEREUSES(Epic LA-16022)

阿特 · 布雷基 (1919—1990)

生于匹茨堡。40 年代活跃于比利 · 艾克斯泰因（Billy Eckstine）乐队。其后同查理 · 帕克等人同台演奏，切磋技艺。1952 年 2 月以自己的名义组建包括贺里斯 · 席尔沃（Horace Silver）等人在内的五重奏乐队，在 LIVE HOUSE 演出《鸟国》(Birdland)。翌年组建“爵士信使”乐队，虽然成员不断更换，但活动一直持续到他去世。其击鼓风格兼具雄浑与细腻，也作为乐队领导人向社会输送了众多年轻英才。

斯坦·盖茨（Stan Getz）

斯坦·盖茨这个人情绪上有着复杂的烦恼，人生绝对算不上平坦幸福。他怀有蒸汽压路机般巨大的自我（ego），灵魂为大量的海洛因和酒精所侵蚀，从懂事到停止呼吸几乎所有时期都同平和安稳的生活无缘。在大多数情况下，他身边的女性受其伤害，朋友们忍无可忍地接连离去。

然而作为血肉之躯的盖茨，无论在北极过的日子多么严酷，他的音乐也从未——哪怕一次——失去如同天使振翅飞翔的优雅魔力。一旦他登台手持乐器，一个迥然有别的世界便应声展开，恰如不幸的迈达斯国王将其手触的一切变成闪闪发光的黄金。

是的，构成盖茨音乐核心的，便是闪闪发光的黄金旋律。纵然在他以快节奏进行无比热烈的即兴演奏时，那里边也有自然而圆润的歌唱。他简直就像运用深得神传的声带一样潇洒自

如地操纵次中音萨克斯管，编织出鲜活灵动至幸至福的无词歌。爵士乐历史上萨克斯手多如繁星，但像盖茨那样激越地引吭高歌而又不堕入廉价伤感的人一个也休想觅得。

那以前我曾迷上各种各样的小说，陶醉于各种各样的爵士乐。但对我来说，最后唯独司各特·菲茨杰拉德的才是小说 (The Novel), 唯独斯坦 · 盖茨的才是爵士乐 (The Jazz)。再次想来，两人之间或许可以找出几个重要的共同点，在两人创造的艺术中发现若干缺点当然也是可能的，我乐意承认这一事实。不付出留下瑕疵的代价而取得永远的美丽刻印是不可能的，唯其如此，我才无条件地像深爱他们的美丽一样爱着他们的瑕疵。

我最喜爱的盖茨作品，无论如何都是在爵士乐俱乐部"故事城" (Storyville) 中录制的两张现场录音唱片。其中每一首都妙不可言。用一个普通的说法：里面有取之不尽用之不竭的营养。不妨听一下《移动》(Move)。吉米·拉尼 (Jimmy Raney)、艾尔·海格 (Al Haig)、泰迪 · 考蒂克 (Teddy Kotick) 的节奏乐段简直完美得令人屏息。绝对冷峻简洁，同时又如地下岩浆一般滚烫的节奏浑然融为一体。而盖茨的演奏远远在此之上——如天马行空，

故事城第 1 集
AT STORYVILLE VOL. 1 (Roost LP-2209)

斯坦 · 盖茨 (1927—1991)

生于费城。1943 年加入杰克 · 蒂加登 (Jack Teegarden) 乐队，其后加盟无数名门乐团。1949 — 1952 年拥有自己的乐队，同时只身赴北欧旅行。之后经过同斯坦 · 肯顿 (Stan Kenton) 乐队的合作以及在欧洲的活动，60 年代初以波萨诺瓦 (bossa nova) 风格的爵士乐作品大获成功。1964 年后重返自己乐队。他是一位天才的即兴中音萨克斯演奏家，演奏风格冷峻而热情，具有无与伦比的充沛的音乐才情。

拨云驱雾，将鲜丽得令人眼睛作痛的满天星斗一瞬之间展现在我们面前。那生动鲜活的旋律跨越岁月的长河，剧烈地叩击着我们的心弦。这是因为，里面的乐曲毫不迟疑地唤醒悄然潜伏于人们灵魂深处的饥饿的狼群。它们在冰天雪地里吐着野兽那无声的白气，吐着仿佛可以拿在手中用刀削断的又白又硬的美丽的气息……我们可以从中静静地看出生息于灵魂密林的命中注定的残酷。

比莉·霍丽戴（Billie Holiday）

还年轻的时候听了许多比莉·霍丽戴，也受了一定程度的感动。但真正认识到比莉·霍丽戴是一位何等出众的歌手，则是在上了些年纪以后。也就是说，年轮的增加也似乎有其好的一面。

时常听她早在30年代至40年代前半期留下的录音。声音还年轻，水灵灵的，是她大唱特唱时期的作品，其中多数后来由美国哥伦比亚唱片公司重新发行。那里边充满难以置信的想像力，简直天花乱坠，令人瞠目结舌。世界随着她的摇摆而摇摆，整个地球都在摇摇晃晃。这不是什么夸张。那并非所谓艺术，而已经是魔法。能将那魔法使用得那般娴熟的，据我所知，除她之外仅查理·帕克一人而已。

不过对于倒嗓时期，即她声音嘶哑、身体遭受毒品侵蚀以后的录音，年轻时听得不大热心，或者不如说是在有意回避。

尤其是进入50年代后的录音，听起来是那样凄惨、那样悲苦、那样黯然神伤。但在长到三十几岁进而四十几岁之后，我倒更愿意把那一时期的唱片放进唱机。我的心和身体似乎在不知不觉之间开始渴望那样的音乐。

从比莉·霍丽戴晚年在某种意义上已经崩毁了的歌声中，我所能听取的究竟是什么呢？就此我想了很多很多。其中到底有什么那么强烈地吸引我呢？

说不定是类似“宽恕”的情怀——最近我开始这样感觉。每次听比莉·霍丽戴晚年的歌声，我都觉得她静静地包揽了我在生存或写作过程中迄今所犯的许多错误、所伤害的许多人的心，并统统予以宽恕，告诉我可以了、忘掉好了。那不是“治愈”，我是绝无可能被治愈的，无论什么都无能为力。那只能是宽恕。

不过，这实在太个人化了，我不愿意引申到一般方面去。所以，作为比莉·霍丽戴最精彩的唱片，我还是想举荐哥伦比亚版。若单举其中一首，我会不假思索地选《如果你微笑》。其中莱斯特·扬（Lester Young）的独唱也值得一听。天赋之才，十全十美，令人大气都不敢出。她唱道：

M. Wada 92

"如果你微笑，世界都随你微笑。"

When you are smilling, the whole world smiles with you.

世界都微笑。或许你不信，但你会真的微微绽出笑容。

金色年华

THE GOLDEN YEARS(Columbia C3L-21)

比莉·霍丽戴 (1915—1959)

生于巴尔的摩。10 岁被强奸，十几岁当妓女，少女时代备尝艰辛。1930 年被录用为歌手。1936 年开始以自己的名义真正录制唱片。1939 年录制的《奇怪的水果》使其获得公众认可。其宛如器乐演奏者即兴演奏般的富有个性的唱法，给后来的现代爵士乐演唱以很大影响。但因吸毒成瘾，过早结束了歌手生命。

卡伯·卡罗维（Cab Calloway）

提起卡伯·卡罗维，眼前不由浮现出约翰·兰迪斯导演的电影《布鲁斯兄弟》(Blues Brothers, 1980) 中那段阴阳怪气的“嗨嘀”(HiDeHo) 唱腔。《布鲁斯兄弟》是约翰·兰迪斯献给黑人音乐文化的多姿多彩而又野性十足的颂歌，其中浓浓地荡漾着类似腼腆多梦的少年情思的氛围，令我十分中意。特别是雷·查尔斯 (Ray Charles) 和卡伯·卡罗维跃然银幕的音乐场面堪称压卷之作，他们身上扑面而来的植根于泥土的固有活力，使得这部电影所蕴含的信息层次陡然提高两个刻度。

另外，作曲家乔治·格什温 (George Gershwin) 在那部民谣式歌剧《波吉和贝斯》(Porgy and Bess) 中，以卡伯·卡罗维为原型设计了一个叫“游戏人生”(Sporting Life) 的奇特角色，并让卡罗维自己扮演。于是，卡伯·卡罗维其人所具有的特异性格

M. Wada 97

一举超越时代，超越音乐风格，而成了传奇故事，甚至已很难分清多大程度上确有其事、多大程度上是印象的反复了。

虽然如此，在爵士乐发展史上，卡伯·卡罗维发挥最重要作用的时期乃在30年代至40年代这点却是众口一词的看法。在这一时期，他率领的高素质大乐队广受欢迎，同时留下了许许多多精彩的录音，其中我首先想到的是在乐迷当中被称为《猫咪楚·贝里》的史诗般的唱片（是日本编辑的，但内容比原版好得多）。

它是次中音萨克斯手楚·贝里(Chu Berry)1974年前后演奏的作品集。A面是楚·贝里本人名下乐队的演奏，B面是由他领衔独奏的卡伯·卡罗维乐队的演奏。除了楚·贝里，当时的卡伯·卡罗维还拥有“晕眩”吉尔斯比、泰里·格伦(Tyree Gleen)、米尔特·欣顿(Milt Hinton)等顶呱呱的年轻音乐家。和老大哥卡罗维那独一无二的兴高采烈的歌唱不同，他们在台上展现的是热辣辣的独奏。卡罗维那时候也显得老成持重、落落大方，仿佛在说往下只管由年轻人施展好了。我们因之得以饶有兴味地隐约窥见由摇摆乐成熟期往博普(Bop)萌芽期缓缓过

楚·贝里和他那帮跳顿足爵士舞的装卸工及卡伯·卡罗维的乐队，“楚”
Chu Berry and His Stompy Stevedores with The Cab Calloway Orchestra,
“CHU”(CBS＼SONY SOPL-123)

卡伯·卡罗维 (1907—1994)

生于纽约州。1930 年参加“密苏里人”(Missourians) 乐队，后任该乐队领导者。从 1931 年开始在“棉花俱乐部”(The Cotton Club) 演出，主题曲《漫步者米尼》(Minnie The Moocher) 一炮打响，以其富有特色的歌唱获得“嗨嗬歌手”(The HiDeHo Man) 的别名。1940 年开始请米尔特·欣顿、楚·贝里等人加盟，以充实乐队的音乐。1950 年以后在音乐剧和电影中扮演角色，展示了其独具一格的艺人才华。

渡期间的音乐场面的气氛。尤其楚·贝里的演奏技艺更是圆融无碍、一泻千里。这恐怕也是卡罗维为人宽厚所使然。即便听其歌唱，也可以多少感觉出他的这种性格特征。

不过，卡罗维再宽厚，也到底同“新人类”吉尔斯比（唯独吉尔斯比）产生了摩擦。两人关系越来越僵，以致最后发生了吉尔斯比拔出水果刀直扑卡罗维的事件。一边遥想其情其景一边观看《布鲁斯兄弟》，令人不由产生一种逝者如斯的沧桑之感。

查尔斯·明古斯（Charles Mingus）

大学二年级的时候，我在新宿歌舞伎街一家不怎么起眼的饭馆打夜班短工。在糟糕的空气中从夜间十点干到早晨五点，然后同没赶上最后一班车的醉汉一起钻进始发电车返回位于三鹰的宿舍。在那里从秋末做到初春。所以，每当我想起那段打工生活，脑海里浮出的总是冬日景象。那个冬天很冷，觉得孤独，谈不上有什么有趣的事。

饭馆附近有一家小酒吧，名字叫“Pithecanthropus Erectus”，即所谓“直立猿人”，当然是取自查尔斯·明古斯唱片的标题。除了爵士乐迷，别人恐怕无论如何也记不住这么长的名字。酒吧相当晚才关门，于是我一有时间就去那里边听爵士乐边喝咖啡。1970 年前后的新宿有着独特的活力，即使在粗暴、杂乱和猥琐之中也有一种勇往直前的纯情与执著。街头弥漫的气氛令人欢欣鼓舞——自己周围正在发生特殊事件。

至于酒吧实际上放没放查尔斯·明古斯的《直立猿人》唱片，我已记不得了。总之每当听到《直立猿人》，我就倏然想起那家酒吧，新宿歌舞伎街的景致就重现脑际。季节是冬天。

第一次听《直立猿人》是上高中的时候。不过说老实话，并不能完全理解它的内容，也不觉得够刺激，单单困惑罢了，心想什么呀这是？尤其《雾天》(Foggy Day) 那嗷嗷不休、吵吵闹闹的幽默感，无论如何也欣赏不来。那时我这样想道：那么中规中矩的乐曲何必歪曲到这个地步呢？

可是随着年龄的增长，这张唱片开始不知不觉渗入我的心田。以前听起来污浊、错乱的节句，渐渐变成“此处非它莫可的存在”。比如，无论听谁演奏的《雾天》，明古斯版的《雾天》都必然作为一个范本蓦然浮上脑海。也真是怪事。

我猜想，这大概是因为明古斯不相信《雾天》这首曲。莱斯特·扬说过：“吹这首曲时，要记住全部歌词来吹！否则歌打动不了对方的心。”但明古斯在这里做的，总之就是将莱斯特·扬式的世界观颠倒过来。明古斯所传达的并非原本的《雾天》，而

M. Wada 92

是被改编了的《雾天》。尽管如此，明古斯演奏的《雾天》，其脉理和莱斯特引吭高歌的“演唱”仍是同样的，同样温情脉脉，充满诗意，直接拨颤我们的心弦，让我们涌起悲悯之情。

明古斯的音乐所改编的，也许就是我们本身。

直立猿人

PITHECANTHROPUS ERECTUS(Atlantic 1237)

查尔斯·明古斯 (1922—1979)

生于亚利桑那州。1940 年作为低音大提琴手开始专业演奏生涯。1952 年同马克斯·罗奇 (Max Roach) 合作成立“首演”(Debut) 唱片公司。接着又同泰迪·查尔斯等人组织了爵士作曲家工作室 (Jazz Composers’ Workshop)，作为作曲家、编曲家钻研自己的音乐，名作《直立猿人》由此诞生。此后接二连三发表仗义执言的作品，对种族歧视等社会不公正现象表示愤慨。

杰克·蒂加登（Jack Teagarden）

杰克·蒂加登不仅为世人推出了许许多多引领潮流的唱片，而且作为副手在路易斯·阿姆斯特朗的全明星(All Stars)乐队中的演奏也分外有名。不过这个先暂且不论。另外他同短号手鲍比·哈克特(Bobby Hackett)一起录制的几张唱片也张张可圈可点，我一向听得相当入神。绝对算不上所谓划时代的大作，但哈克特的旋律高雅脱俗，充满一气呵成的摇摆感，而蒂加登的演奏堪称声如其人——二者水乳交融，产生了一种任何东西都无可替代的独特的美妙韵致。我不由衷心赞叹：这才是音乐的妙味！如今，此种爵士乐大概已经没有热心倾听者了，几乎不再成为世人的话题。“与其奉若神明地听什么基斯·加雷特(Keith Jarrett),倒不如……”——事到如今，这话我也就不想说了。

提起杰克·蒂加登和鲍比·哈克特，我个人首先（忽然间）

M. Wada 92

想起的是收在国会(Capitol)唱片公司《海滨音乐会》(Coast Concert)专辑中那首优美的叙事曲《计划必须改变》(I Guess I'll Have to Change My Plans)。1955年录制这张唱片时，指挥基本上是哈克特。但在这首乐曲中，蒂加登一开始就大放异彩，理所当然地让我们听到了他不负众望的行云流水般的独奏。哈克特先吹序曲，接着蒂加登作为“二传手”吹一段，吹得幽思绵绵，一唱三叹。再往下哈克特毫不相让地用短号吹得娓娓动听。继而另一位长号高手艾伯·林卡恩(Abe Lincoln)狂飙突起，响遏行云。每个人都保持原曲旋律，直抒胸臆，同时又曲尽即兴变化之妙，感觉上仿佛在说“酸甜苦辣无所不晓”，全然没有浮躁或贪婪之处。

听这一时代这种风格的演奏，最让我动心的是他们都极为“个人化”(individual)。当然，任何音乐家都有自己的风格，这点哪个时代都大同小异，哪里也不存在没有风格的音乐家。但我觉得哈克特和蒂加登的演奏已经超越了一般风格这个层次，而是作为一种“个人生命体验”鼓涌而出。请听一听蒂加登那特有的如歌如诉的音色和乐句好了。如此绝对和蔼可亲的爵士

鲍比·哈克特和他的爵士乐队，海滨音乐会
Bobby Hackett and His Jazz Band, COAST CONCERT(Capitol T-692)

杰克·蒂加登 (1905—1964)

生于得克萨斯州。1921年开始在三重奏乐队演奏，1927年赴纽约，30年代参加了许多唱片的录制。加入过保罗·怀特曼 (Paul Whiteman) 乐队、路易斯·阿姆斯特朗全明星乐队。50年代以后主要在自己的乐队演奏迪克西兰爵士乐。以风格独具的丰富音色和轻松氛围确立了长号爵士乐的地位，同时以温暖的歌声赢得“了不起的蒂加登”(Big T) 之誉。

乐，如今早已销声匿迹了。

这张唱片是国会唱片公司把哈克特——他为参加迪克西兰爵士音乐节(Dixieland Jazz Festival)来到西海岸——请到录音室，让他从当地聚集的音乐家中挑选他喜欢的人随便演奏他喜欢的乐曲，录音录到天亮。在这方面，“个人主义者们”的工作表现的确令人叹为观止。

比尔·埃文思 (Bill Evans)

人们一致认为，钢琴手比尔·埃文思所具资质的最佳部分体现在钢琴三重奏这一形式中。范围再缩小一些，则主要体现在请来斯科特·拉法罗担任低音大提琴手之后的三重奏中。以唱片专辑而言，可以举出以下四张：《爵士乐中的画像》(Portrait in Jazz)、《献给黛比的华尔兹》(Waltz for Debby)、《先锋村的周日》(Sunday at the Village Vanguard)、《探索》(Explorations)。仅就录制这些专辑这一事实来说，想必人们也该记得河岸 (RIVERSIDE) 这个品牌。

埃文思在这些专辑中的演奏，堪称十全十美。我们可以清楚无比地看到人的自我（有着相当严重问题的自我）通过才华这个过滤器化为美丽的珍稀宝石一颗接一颗落往地面的情景。而使得这个复杂精致的过滤器安然不动，并使其内向倾向处于相对鲜活状态的，恰恰是斯科特·拉法罗如春天般生机盎然、如森林般深邃无涯的低音大提琴演奏。那清新的气息静静地拆除包围着我们的世俗壁垒，震颤着里面的灵魂。此时此刻，没有埃文思就没有拉法罗，没有拉法罗就没有埃文思——不妨称之为一生仅有一次的近乎奇迹的邂逅。

将以前的埃文思基本框定下来的博普风格（Bop idiom）在此倏忽间土崩瓦解，新的地平线出现在他——包括我们——面前。我们被解放出来，旧衣服脱下扔掉。我们的皮肤获得新的颜色，我们的意识获得新的细胞。这里有劈头压来的高烧，有热恋世界的真情，有吞食宇宙的心志。

遗憾的是，由于斯科特·拉法罗过早地离世 (1961)，两人天衣无缝的合奏只持续了几年便告结束。埃文思的完美主义带来了灾难性后果：仅有为数极少的录音留存下来。拉法罗去世后，埃文思请来了几位专任低音大提琴手，然而他同拉法罗之间产生的那种真正自发的原创性则一去不复返了。诚然，埃文思在那以后也留下了若干精彩的演奏，但是未能在拉法罗死后将超过“自我相对化”的新构想展现在爵士乐迷面前。其细腻而内

M. Wada 92

省的艺术倾向虽然经常保持在高水平上，但一度有过的高烧则一去杳然，犹如一场失而不可复得的宿命恋情。

关于专辑《献给黛比的华尔兹》，我还是喜欢像以往那样用密纹唱片——而不是CD——动员全副身心来听。这张专辑每面各以三首划分。提起唱针，物理性地呼一口气——原来的《献给黛比的华尔兹》我想就该这样听才是。每段录音都无懈可击，但我更中意《我愚蠢的心》(My Foolish Heart)。人称甜蜜的乐曲，言之有理。不过，既然它已深深进入肉体，我也就再也说不出什么来了。所谓热恋世界，即是这么回事。不是吗?

献给黛比的华尔兹

WALTZ FOR DEBBY(Riverside RS-9399)

比尔·埃文思 (1929—1980)

生于新泽西州。作为钢琴手，初期令人觉得受巴德·鲍威尔 (Bud Powell) 的影响。后来逐渐确立了自己特有的白人风格。1958 年参加迈尔斯·戴维斯六重奏乐队，1959 年邀低音大提琴手斯科特·拉法罗组成三重奏乐队。以细腻内省的触键感和浑融无间的合奏指明了钢琴三重奏新的发展方向，留下了历史性的杰作。1961 年因汽车事故痛失拉法罗。

比克斯·贝德拜克 (Bix Beiderbecke)

念大学的时候，我在水道桥一家名叫“SWING”的爵士乐酒吧打短工。时间是 70 年代初。这家酒吧相当特殊，专门放传统爵士乐，博普 (Bop) 以后的爵士乐一概置之不理。查理·帕克也好巴德·鲍威尔 (Bud Powell) 也好，统统被拒之门外。

那是个约翰·科特兰 (John Coltrane) 和艾里克·杜尔菲 (Eric Dolphy) 被绝对奉若神明的时代。这样的酒吧不可能招徕顾客，只靠发誓效忠的铁杆常客苟延残喘。不过——或者该说是因此——音乐极有水准。一对颇有年代的扩音器 (左右大小不一) 从早到晚不妥协地播放令人心旷神怡的旧日音乐。但对占世间大多数的男女来说，的确几乎无甚意义和效果可言。

在这家酒吧打工期间，我得以从零开始领教了老爵士乐的妙趣：西德尼·贝彻 (Sidney Bechet)、邦克·约翰逊 (Bunk

M. Wada 92

Johnson)、P·W·拉塞尔 (Pee Wee Russell)、巴克·克莱顿 (Buck Clayton)……不过对我来说，最幸运的还是遇上比克斯·贝德拜克。这位活跃于20年代、在混乱中仅仅活了28岁的白人短号手的号音一下子抓住了我的心。此人富于传奇色彩，同时又是个不要命的酗酒者。

比克斯音乐的精妙之处在于它的时代性。当然音乐风格是老的，可是他弹奏出的真正原创性声音和乐句切分法没有陈旧之感，其中洋溢的喜悦和忧伤是那样可感可触，如汩汩涌出的清泉毫不迟疑地沁入我们的肺腑，而又同怀旧趣味无关。

听比克斯音乐的人最先感觉到的，大概是“这音乐不讨好任何人”。短号的音响奇异地卓然特立，充满内省情致。比克斯所凝视的，不是乐谱不是听众，而是类似潜伏于生之深渊的静悄悄的音乐之芯的东西，这样的真情是没有时代差异的。

要了解比克斯的卓越才华，只听以下两曲即可：《歌唱布鲁斯》(Singin' the Blues) 和《我来到弗吉尼亚》(I'm Comin' Virginia)。精彩的演奏此外还有很多，但没有任何一首能超过他同奇才弗兰奇·特鲁保尔 (Frankie Trumbauer) 合作演奏的这两首。

比克斯·贝德拜克 1927—1929
BIX BEIDERBECKE 1927-1929(CBS＼SONY 20AP-1804)

比克斯·贝德拜克 (1903—1931)
生于衣阿华州。从小开始学钢琴，15 岁时几乎通过自学掌握了短号。1923 年作为独奏乐手加入“密歇根人”(The Wolverines) 乐队，受到好评，开始录制唱片。后来在弗兰奇·特鲁保尔（Frankie Trumbauer) 乐队和保罗·怀特曼乐队演奏。一位在爵士乐史上首次确立白人爵士乐地位的天才。可惜酗酒损害了健康，致使他过早结束了怀才不遇的一生。

这是不可撼动的明明白白的事实，一如死亡、税金和潮涨潮落。毕竟三分钟就演奏出一个宇宙。

这两首曲收于美国哥伦比亚唱片公司的《比克斯·贝德拜克作品第2辑》(Bix Beiderbecke Story Vol.2)。我离开“SWING”的时候作为纪念品得到了这张唱片，一直视为珍品。不料在反复搬迁过程中，唱片不知何时从唱片架消失了，不知去向，思之令人怅然。

“SWING”如今也同样不见了。

朱利安·“加农炮”·艾德利
(Julian Cannonball Adderley)

朱利安·“加农炮”·艾德利是一位天生的伟才，一位横空出世的音乐家：自由奔放的想像力、令人愉悦的技巧、温馨美妙的独特音调……然而他并非是那类从根本上摇撼听众的存在基础、奏出“致命”音乐的音乐家。对此或许该说遗憾，或许。

他的人格无疑是美好的，这点听其音乐即不难想像。但真正优秀的音乐（至少对我来说），归根结蒂乃是死的体现。而将向死亡深渊的滑落过程变得使我们容易忍受的，在大多数时候就是从恶之果中榨出的高浓度毒汁，是毒汁带来的舒舒服服的麻痹，是使时序混乱的急剧扭曲 (distortion)。

虽说如此，1964 年他在洛杉矶“雪莉兹曼音乐厅”的现场录音仍是我长期珍藏的心爱唱片之一。尤其 B 面查尔斯·罗伊

德 (Charles Lloyd) 的原创叙事曲《我的姑娘之歌》(The Song My Lady) 中“加农炮”的一长段独奏有一种超越理性、感人肺腑的东西。我好几次只为此曲而把这张唱片放上唱机转盘。

但我无意断言这是他登峰造极的传世独奏。细听之下，可以发觉衔接上时有欠佳之处。年轻时天马行空般激越的光芒在这里也难觅其踪，然而其音乐的外缘自有令人不胜怜爱的某种温煦四下流溢，静谧而又丰沛。

那意境就好像远方小镇上撩人情怀的小屋一样无声无息。每当“加农炮”震颤簧片的时候，那一个个音符便参差不齐地欠身立起，蹑手蹑脚穿过地板朝我们走来，用温柔的小手抚摸我们心房的褶襞。夜深时分一个人手拿葡萄酒杯耳听唱片，每每觉得有一股与音乐同在的喜悦感从心底涌满全身。其间挟带的乔·扎夫努尔（Joe Zawinul) 屏息敛气小心翼翼弹出的单音节 (Single Tone) 钢琴独奏，同样无比悦耳。

“加农炮”这个人，直到最后也未能创造出真正一鸣惊人的音乐。他作为自然之子降生于大地，作为自然之子走完人生之旅，悠悠然消逝而去。推敲与省察，以及背叛、解体、韬晦、不眠之夜，

M. Wada 92

并非此人音乐的擅长之处。

然而，恐怕唯其如此，其阿波罗式浩瀚的哀伤才以一种任何人都无能为力的独特方式在始料未及的场所叩击我们的心弦——温情地宽宥，静静地叩击。

"加农炮"·艾德利活着!
CANNONBALL ADDERLEY LIVE! (Capitol ST-2399)

朱利安·"加农炮"·艾德利 (1928—1975)

生于佛罗里达州。1955 年像要替代同年去世的查理·帕克似的来到纽约，以豪爽轻快的中音萨克斯演奏风格引起注意。不久同吹短号的弟弟纳特·艾德利 (Nat Adderley) 一同演奏。后来受迈尔斯·戴维斯之邀参加《里程碑》(Milestones,1958) 和《淡蓝》(Kind of Blue, 1959) 等历史性唱片的录制。其后再次同纳特携手，使得哀调爵士 (Funky Jazz) 盛极一时。

埃林顿公爵（Duke Ellington）

天才往往心急气躁，天不假年，而埃林顿公爵却十足优雅、十足悠然、十足个人化地度过了其才华横溢的一生，可以说活得痛快淋漓。他那堪称奇迹的丰富的音乐水脉滋润着广阔平原的每一个角落。无须说，这是爵士乐史上值得庆贺的事。

不过坦率说来，如此巨人活跃于如此漫长的岁月，令人伤脑筋的事也并非绝对没有。出色的作曲许许多多，出色的演奏许许多多，或者不如说实在多得过分了，从埃林顿公爵留下的数目庞大的录音当中随便挑出一张，我们都会像面对万里长城外的化外民族一样感到劈头盖脑的重压。

那么，干脆让我说一下个人喜好吧。

若大胆缩小范围，结果是这样的：(1) 我喜欢的埃林顿是1939年下半年至40年代前半期既不那么“难懂”又不甚洗练而

M. Wada 92

令人愉快的埃林顿。尤其吉米·布兰顿 (Jimmy Blanton) 加入乐队前后那一时期的作品更妙。(2) 若再缩小范围，其中我最喜欢的唱片是无线电 (RCA) 公司版《美乐曲》(In a Mellotone)。(3) 如果进一步从个人角度加以筛选，则 B 面喜欢得无以复加。说来不可思议，总之这张唱片百听不厌。当然乐队的成员也个个身手不凡：霍奇斯、韦伯斯特、库蒂、毕加德、卡内……正是埃林顿乐队的黄金时代，夫复何求？

《美乐曲》这张唱片除了著名的同名曲外，还有《都太快》(All Too Soon) 和《我床上的石头》(Rocks in My Bed) 等我所喜爱的不无涩味的曲目。《孤寂》(Solitude)、《缎子洋娃娃》(Satin Doll) 等埃林顿创作的名曲当然也无可挑剔，不过，即使不很有名的曲目之中也有几首能够沉静而真切地打动听者的心。如此以个人口味用自己的耳朵一首首发现藏而未露的名曲，也是走进埃林顿音乐森林——一望无边的森林——的一个莫大喜悦。

《我床上的石头》这首艾维·安德森 (Ivie Anderson) 的歌，听多少次都觉沁人心脾。她那一泻千里而又盘根错节（简直不可思议）的哀怨忧伤的歌声，同巴内·毕加德那犹如精美工艺

美乐曲

IN A MELLOTONE (RCA LPM-1364)

埃林顿公爵 (1899—1974)

生于华盛顿特区。1927—1931 年率自己的乐队在哈莱姆区的“棉花俱乐部”做驻场演奏。1940 年前后乐队拥有一流高手，事业达到鼎盛时期。此后也一帆风顺，直至去世。在乐队中弹奏钢琴，但正如他自己所说“乐队是我的乐器”，更多时候是作为领导者统领大乐队。其涉足领域不局限于爵士乐，也是 20 世纪最杰出的作曲家之一。

品的单簧管独奏交融互汇之时，其造化之妙便达到了一个顶点。那里面没有丝毫的“媚态”，我们所目睹的只是真正优秀的音乐偶然汇合时那静悄悄地到处涌出的深沉的共鸣和丰沛的悲悯之情。

埃拉·菲茨杰拉德(Ella Fitzgerald)

我个人偏爱的埃拉的演唱，是收录在《埃拉与路易斯再度合作》(Ella And Louis Again)(神韵)里边的浪漫佳曲《往事追忆》(These Foolish Things)。如标题所示，这张唱片是埃拉·菲茨杰拉德和路易斯·阿姆斯特朗在录音室欢快而带有摇摆风格的合作演出的续篇。但是唯独《往事追忆》缺了路易斯，由埃拉一人独唱。以舞台来说，感觉上就像尽情唱罢的路易斯在掌声中退回后台，而埃拉一人静静地走到舞台中央，灯光顿时变暗。演出经理诺曼·格兰兹这种不无做作的小手段的确很妙。

背景伴奏是奥斯卡·彼德森(Oscar Peterson)的四重奏：正规三重奏加进路易斯·拜尔逊(Louis Bellson)的鼓点。但伴奏水准甚是了得，如上等丝绸紧紧吸附于歌声的肌肤，而又没有死缠活磨之感。曲好，歌手好，伴奏好。初次听此唱片是上大学的时候，那时就怦然心动：爵士乐这东西，一旦对上脾气，竟能使人感到如此舒心惬意！至今那种感觉也没什么变化。不知听了多少次，就是百听不厌——整体上有一种自然而然的说服力。

无论埃拉还是彼德森都是具有稳定实力的高水平音乐家。但因此也时有流于技巧之嫌。诚然精彩至极，诚然无懈可击，问题是一切在这里已彻底完结，以致听的人全然感受不到类似意犹未尽的心间阴翳。不过就这首《往事追忆》而言，我可以从中发现这两人真挚的情感所在。

其实彼德森 1952 年同样曾以四重奏组合为比莉·霍丽戴演唱的《往事追忆》伴奏。比莉·霍丽戴的演唱绝对是艺术品，令人感动得几乎心胸胀裂，比埃拉有过之而无不及。但彼德森的伴奏多少有欠火候。比莉·霍丽戴力图构筑“不无特殊的场所”，而彼德森那年轻气盛而未免饶舌、过度 (too much) 的钢琴却将其摧毁得片瓦无存。

在听过为这种不谐调而痛心的比莉·霍丽戴唱片之后，再听埃拉的《往事追忆》，不能不再次感到“人的确是有投缘这个东西的。据我所知，自那以后比莉再也没和彼德森同台演出，想

ada 97

必她也深感欠佳。而彼德森为埃拉伴奏，则是在那数年之后——那期间恐怕他也有了进步，相应成熟起来了。

细听之下，可以听出埃拉和彼德森的《往事追忆》有几个动听之处。尤其在“隔壁宿舍传来钢琴的弹奏……”那里轻轻滑到后面的钢琴间奏 (passage)，什么时候听来都五体投地。绝技！若是小说，有充分理由授予直木奖[①]。

① 日本大众小说的权威奖项。

埃拉与路易斯再度合作

ELLA AND LOUIS AGAIN(Verve MGV-4018 VOL.2)

埃拉 · 菲茨杰拉德 (1918—1996)

生于弗吉尼亚州。1934 年在哈莱姆区阿波罗剧院主办的业余歌手大赛中脱颖而出，成为奇克 · 韦伯 (Chick Webb) 乐队的专任歌手。其后以技巧性拟声唱法导致“BopVocal”一词的产生。叙事歌曲唱得感情圆润充沛，有“爵士乐第一小姐”、“比莉 · 霍丽戴之后最佳歌手”之誉。在戴卡 (Decca) 和神韵 (Verve) 唱片公司留下无数名唱。

迈尔斯·戴维斯（Miles Davis）

任何人一生中都有“失落的一天”。在这一天，心里觉得“自己身上将有什么以此为界发生变化，有可能再也无法找回原来的自己”。

这天我在街上逛了很长时间。从这条街逛到另一条街，从这一时刻逛到另一时刻。本来是自己非常熟悉的街，看上去却那样陌生。

等到想走进哪里喝上一杯，已是四下彻底天黑后的事了。我想喝加冰掺水的威士忌。走了一会儿，发现一家仿佛爵士乐酒吧的酒吧，遂推门进去。这是一家仅有一条吧台和三张桌子的店堂狭长的小酒吧，没有客人，正放着爵士乐。

坐在吧台前的高脚凳上，要了双料波旁威士忌。“自己身上将有什么变化，有可能再也无法找回原来的自己”——我一边

M. Wada 92

把威士忌冲往喉咙深处，一边这样想道。

“可有想听的音乐？”不一会儿，年轻的调酒师来我跟前询问。

我仰起脸，就此想了想。想听的音乐？经他这么一说，觉得是想听点什么。可是我到底想在这里听什么音乐呢？我困惑起来。稍顷，我提出《“四个”及更多》。那张唱片黑乎乎阴沉沉的封套蓦然——也没什么明确的理由——浮现在我的脑际。

调酒师从唱片架上抽出迈尔斯·戴维斯那张唱片，放在唱机上。我望着眼前的玻璃酒杯和杯里的冰块，开始听《“四个”及更多》的 A 面。那正是我想听的音乐，现在我仍那么认为，那时我应该听的音乐大概只有《“四个”及更多》。

迈尔斯在《“四个”及更多》中的演奏入木三分、掷地有声。他所设定的节奏快得异乎寻常，简直吵架一般。托尼·威廉姆斯 (Tony Williams) 敲击的如白色月牙一般锐利明晰的鼓点从背后阵阵传来，而迈尔斯将魔术般的音楔毫不留情地打入其空间中大凡看得见的缝隙。他什么也不寻求，什么也不给予。没有理应被寻求的共鸣，没有理应给予的救赎。有的只是纯粹意义上的

"四个"及更多
'FOUR' & MORE(Columbia CL-2453)

迈尔斯·戴维斯 (1926—1991)
生于伊利诺斯州。1945 年开始作为小号手在查理·帕克手下演奏。1948 年得到吉尔·埃文思 (Gil Evans) 等人的协助，组建重视编曲的历史性的九重乐队。经过"硬博普"(Hard Bop) 时期，1959 年推出现代爵士乐的杰作《淡蓝》。他总是引领爵士乐的走向（例如大胆采用电声键盘），留下大量专辑唱片。1975 年一度隐退，1981 年戏剧性地东山再起。

一个“行为”。

倾听《漫步》(Walking)——即迈尔斯所录唱片中最激烈最有攻击性的“Walking”——的过程中，我得知此刻自己身上未有任何痛感，至少在迈尔斯走火入魔般撕裂什么的时间里我没有痛感。我又要了一杯威士忌。倒是很早以前的事了。

查理·克里斯蒂安 (Charlie Christian)

提起查理·克里斯蒂安，他在敏顿剧院 (Minton's Playhouse) 的即兴演奏 (Jam Session) 作为“博普的黎明”固然闻名已久，不过收有他同本尼·古德曼合作演出的主要曲目的三张日本版唱片《查理·克里斯蒂安纪念版》(Charlie Christian Memorial Album) 的内容完全不在前者之下。

在本尼·古德曼这个既定“体制”中，分到克里斯蒂安头上的只有不多几段合奏。然而他从这几段合奏中的独奏框内表现出来的自然超前的音乐情怀竟是那样地吸引我们的耳朵、拨动我们的心弦。虽是五十多年前的录音，但克里斯蒂安吉他独奏的大部分已达到奇迹般的高度，纵使今天听来也几乎感觉不出陈旧。它已经超越所谓现代、博普、摇摆等樊篱。它既是睿智的、生机勃勃的，又富有刺激性。

十分不幸的是，查理·克里斯蒂安只活了25岁就迅速离开了这个世界，因此其音乐生涯相当短暂(准确说来仅仅一年零八个月)。然而他留下的演奏给予后世吉他手的影响非常之大。倾听克里斯蒂安的演奏，我们往往会产生方向相反的惊愕之情："喏，这不是巴尼·凯塞尔(Barney Kassel)吗？喏，这不是赫伯·埃里斯(Herb Ellis)吗？喏，这不是肯尼·巴莱尔(Kenny Burrell)吗？"细想之下，在50年代末期威思·蒙哥马利（Wes Montgomery)提出八度音(Octave)演奏法之前，爵士吉他手们多少都摆脱不掉克里斯蒂安的束缚(其新颖丰富的创意和技巧)，一如奥耐特·科尔曼(Ornette Coleman)之前的中音萨克斯手摆脱不掉查理·帕克的束缚一样。

或许该称为流星的一闪吧，这张《查理·克里斯蒂安纪念版》中收录的演奏，随便挑任何一首都有一听的价值。作为我，尤其喜欢邀请贝西伯爵(Count Basie)担任钢琴手后举行的激情澎湃的合奏。BG(本尼·古德曼)率领的临时组建的六重奏成员有贝西伯爵、库蒂·威廉姆斯(Cootie Williams〈tp〉)(小号)、乔治·奥尔德(Georgie Auld〈ts〉)(次中音萨克斯)、克里斯蒂

IN T
PLA
M. Wada 92

安 (b)(低音大提琴)、乔 · 琼斯 (Jo Jones 〈ds〉) (鼓) 等令人兴味盎然的面孔。这也就是本尼 · 古德曼的正规小乐队外加贝西伯爵节奏部的混合编队。就结果来说黑人音乐家占多数，音色也因之黑乎乎的，节奏粘得扯不开。

特别是简洁明快的即兴反复曲目《早餐宿怨》(Breakfast Feud) 若干录音段落中的贝西伯爵和克里斯蒂安独奏的应和，圆熟而又富有新锐意味，十分完美。克里斯蒂安在正规本尼 · 古德曼小乐队中的演奏当然也有越听越有味的，不过还是以独特的时空感摇撼地轴的贝西伯爵的节奏部和克里斯蒂安那坚实的、号角般的旋律的纠合更适宜用“摇入骨髓”来形容。那是摇摆乐的岩浆热到极点、爵士乐尚处于“英雄时代”时代的宝贵记录。

查理·克里斯蒂安纪念版

CHARLIE CHRISTIAN MEMORIAL ALBUM(CBS╲SONY 56AP-674~6)

查理·克里斯蒂安 (1916—1942)

生于得克萨斯州。1934 年成为职业吉他手。1939 年被本尼·古德曼乐队以破格的高薪聘用。乐队演出之余，同“晕眩”吉尔斯比等人在敏顿剧院即兴演奏。在旋律和节奏方面，创造了奠定现代爵士乐基础的吉他弹奏法，给后世以莫大影响。但酗酒和吸毒损害了他的健康，不幸英年早逝。

艾里克·杜尔菲 (Eric Dolphy)

提起艾里克·杜尔菲，脑海里几乎条件反射地浮现出《在外界》(Out There) 这张声望 (Prestige) 唱片公司初期的唱片。音乐内容当然好，不过同样难忘的 (或者更难忘的) 还有原来的唱片封套，那是超现实主义或完全达利 (Salvador Dali) 风格的画——空中漂浮着低音大提琴形状的船，杜尔菲坐在上面以不无苦涩的表情吹萨克斯管。帆是大提琴，篷是铙钹，船舷有一把法国号突出，船底贴一支如不吉祥的水蛭的长笛。航迹漂浮着乐谱，山丘上竖有节拍器代替灯塔。总之整个基调黯然无光，恍若宇宙尽头 (又仿佛电灯奄奄一息的储藏室)。

画面固然有一定的气氛，但老实说我不认为技术上有什么出众之处，也不认为有足以弥补技术缺憾的独创性想像力。画家姓名也没出现。唯独封套一角可以认出“Prophet”(先知) 字样。

Wada 92

想必这封套画是求一位很难说有什么名气的年轻画家画的——这是因为，当时的名声唱片公司还没有为唱片封套设计提供高额酬金的经济余力。结果画家名字未能写上，很快被遗忘了。

不过不知为什么，我对这个封套倒是情有独钟。每次提到艾里克·杜尔菲，脑海里都不由浮出这幅作者不知何人的“达利风格”画。这么说也许不大友好，我想这大概是因为：对于艾里克·杜尔菲那特立独行的、前卫的、一丝不苟的、彻底个人化且不无怪异的演奏风格来说，这幅画的基调虽不能说曲尽其妙，却也近乎不可思议地与之相得益彰。假如画是出自一流画家或达利本人之手，倒未必能令我如此动心。事情也真是匪夷所思。

另外，封套背后印有杜尔菲本人的这样几句话：

“即将有什么新的事情发生。至于那是什么，我不知道。但那是新的东西、好的东西，并将立即发生。而此时此刻我能置身纽约，委实妙不可言。”

唱片录制时间是 1960 年 8 月，保守的 50 年代终于落下帷幕，约翰·肯尼迪总统即将当选。不得不长期在幽暗场所过着寄人篱下生活的艾里克·杜尔菲也从这时开始受到阳光的惠顾，音

在外界

OUT THERE (Prestige ＼ New Jazz 8252)

艾里克 · 杜尔菲 (1928—1964)

生于洛杉矶。1958 年参加契克 · 哈密尔顿 (Chick Hamilton) 乐队，1960 年加入查尔斯·明古斯乐队，与奥耐特·科尔曼同台演奏。后来组建自己的乐队，并和约翰·科特兰合作演出。他在坚守传统性谐调世界的同时采用新的手法，在查理 · 帕克以后的硬博普与现代、自由等革新爵士乐之间起到承先启后的作用。

乐上突飞猛进。然而他得以充分施展才华的时间实在过于短暂，1964年6月他因突发心脏病溘然长逝。

或许，我们每个人多多少少都生活在宇宙尽头——每次听艾里克·杜尔菲我都不由这样想。

贝西伯爵(Count Basie)

无论多么虚幻的行为，如果深究下去，都会有相应的固有事理与之相伴。如毛姆在哪里所说:“即使剃头里面也有哲学。”

听贝西伯爵音乐这一行为之中当然也伴随哲学。那便是:只要条件允许，贝西伯爵的音乐最好用最大音量来听。并非多么神乎其神的哲学，但百分之百属实。这是因为，贝西伯爵创作的音乐所含有的最佳特质就在其音乐性“风压”之中。如果你坐在音箱前倾听贝西伯爵乐队的音乐并险些被其吹跑(即使吹跑几厘米)，那么你恐怕就理解了贝西伯爵乐队的真正内涵。而为了体验这风压，就要尽量把音量调大。

不过，这同“贝西伯爵乐队乃大音量乐队”并不同义。音响上比贝西伯爵乐队更有震撼力、物理上能比它发出更大声音的大乐队恐怕不止一个。反过来说，贝西伯爵乐队真正卓越的部分，我认为在于其音量之小。他们是何等温柔、何等小心而自然地叠积小音量，并用小音量像快活的拷问者一般让听众摇摆得骨髓发颤啊——只要沉下心来仔细一听，就会为其手法的绝妙惊愕不已。

正因如此，当它由静而动、铜管乐器毅然决然惊天动地咆哮之时，我们不由为其落差带来的生机而瞠目结舌。总之就是被吹跑。无论小声还是大声都同样一丝不苟，同样肆无忌惮、摇曳生姿——唯独这一招法是其他任何技艺高超的大乐队所模仿不来的，恐怕只有来自堪萨斯城的威廉·贝西[①]方能驾驭。

在这一语境中我最喜欢的是神韵 (Verve) 唱片公司的《贝西在伦敦》(Basie in London)。贝西伯爵有几种录音都很出色，但在令人愉悦这点上则非此唱片莫属。借用老爵士乐手的套话，即摇摆得“有损身体”的演奏。再啰嗦一遍，音量越大越好。演奏没有一处不精彩，尤其 A 面六首如天风海涛扑面而来，令人屏息敛气，乃扛鼎之作。好了，曲目由《闪光的袜子》(Shiny Stockings) 换到《月在中天》(How High the Moon) 上面来。别再

① 贝西伯爵的原名。

M. Wada 92

故弄玄虚，让我们手拿一听啤酒沉进沙发，调大组合音响的音量，委身于声音的洪流之中——人世即成天堂！

贝西在伦敦

BASIE IN LONDON (Verve MGV-8199)

贝西伯爵 (1904—1984)

生于新泽西州。20 年代在堪萨斯城加入沃特·佩奇 (Water Page) 的“蓝魔鬼”乐队和本尼 · 莫顿 (Bennie Moten) 乐队。1935 年组建自己的乐队由芝加哥进军纽约。1950 年一度解散乐队。即使在 60 年代音乐低潮时期，他也作为优秀的领导者、作为能以极少的音数活跃节奏部的钢琴手带领乐队绝尘而去。

格里·穆里根 (Gerry Mulligan)

记得在唱片封套的照片上第一次看到格里·穆里根的时候，我曾感觉到一阵强烈的眩晕。

一头剪短的金发，颀长的身材，笔挺的名牌西装，雪白的衬衣，细长的黑色针织领带——小伙子便是这么一副打扮。显得有些固执的棱角分明的下颌，充满青春活力的淡蓝色眸子，手上一支闪闪发光的巨型上低音萨克斯。一切都那么潇洒、那么整洁、那么冷峻。时值 60 年代初，格里·穆里根体现的美利坚气派，距我所在的现实世界仿佛有几光年之遥。

因此，提起格里·穆里根，对我来说较之音乐记得更多的是他的形象 (image)。一位沐浴着加利福尼亚灿烂阳光、风流倜傥地演奏爵士乐的永远的青年人。形象没有一点瑕疵，没有一丝暗影。勉强能以阴翳称之的，只有音乐带来的美丽的忧伤……

M. Wada 97

此后过了许久，才得知现实中的格里·穆里根在相当长的时间里遭受贫穷、毒品和精神危机的折磨。监狱他也进过，为了活下去而落得遍体鳞伤。在他度过青春岁月的那个时代，爵士乐尽管充满无与伦比的活力和创意，却仍被视为美国文化的“阴暗面”而受到粗暴对待。不过从照片上什么也看不出，从音乐中什么也听不出。

我们从格里·穆里根的音乐中自始至终感觉到的，是他纯真而内省的灵魂的喘息，是他对音乐怀有的深沉的敬意，是他卓尔不群的高洁。同样吹奏上低音萨克斯，但比之佩帕·亚当斯(Pepper Adams)的爽净明快，穆里根则吹得情深意切、娓娓动听。尽管有不无拘谨的一面，但其中有着实实在在的感染力。

我听格里·穆里根的实际演奏，是在80年代后半期他率领大乐队参加在斑尾高原举办“新港爵士音乐节”(Newport Jazz Festival)的时候。经营自己的大乐队是编曲出身的穆里根多年的梦想。虽说最后未获成功，但至少开始经营的时候他显得十分快乐。盛夏时节的露天音乐会上，已不再年轻的满腮胡须的格里·穆里根简直像操纵自己的乐器一样得意地指挥着音乐家们。

说什么?
WHAT IS THERE TO SAY? (Columbia CL-1307)

格里·穆里根 (1927—1996)
生于纽约。40 年代在基恩·克鲁帕 (Gene Krupa) 乐队负责编曲。1948 年加入迈尔斯·戴维斯的九人乐队，作为编曲和上低音萨克斯手作出贡献。1952 年在西海岸同查特·贝克等人合作组建无钢琴四重奏乐队，以对位法合奏大获成功，将西海岸爵士乐推向高潮。其后返回纽约，在大乐队方面也有杰作留下。

格里·穆里根留下的唱片几乎没有次品。不过在劳累之后，我还是想斟一小杯单胚麦芽威士忌把这张《说什么？》(What Is There to Say?) 放上唱机。阿特·法默尔 (Art Farmer) 婉转的小号和格里·穆里根夜色一般温柔的上低音萨克斯将我们带往犹如灵魂凹处那样的场所，带往唯独受伤的灵魂才知晓位置的隐秘地方。

纳特·“金”·科尔 (Nat “King” Cole)

提起纳特·“金”·科尔，我最先听的是《假装》(Pretend)、《太年轻》(Too Young) 等甜美浪漫的走红歌曲。歌曲从晶体管收音机 (当时的最新商品) 里流淌出来。时值 1960 年前后。当时，科尔的本职工作爵士钢琴弹奏几乎处于休眠状态，他以不无得意的黄金歌喉在大乐队或弦乐器的伴奏下为国会唱片公司接二连三地录制流行歌曲。只要由纳特·“金”·科尔演唱，无论什么样的歌都神奇地变得甜美悠扬、沁人心脾，甚至《蔓生的玫瑰》(Ramblin' Rose) 那样的歌都不例外。

记忆中，《国境以南》(South of the Border) 是他唱的，于是以此为基础写了那本名叫《国境以南太阳以西》的小说。后来有人指出纳特·“金”·科尔未曾唱 (至少没录唱片)《国境以南》，我半信半疑地去查阅唱片分类目录，结果吃了一惊：他真的没唱。

拉丁音乐专辑倒出了几张，却不知何故，单单漏掉了《国境以南》。

这等于说，我是以实际不存在的东西为基础写出了一本书。不过——不是我狡辩——在结果上我觉得这样反倒好些。归根结蒂，看小说不外乎是将子虚乌有世界里的空气作为实有空气吸入体内。

这张《午夜之后》(After Midnight) 是 1956 年录制的。对于在国会唱片公司成为明星歌手之后的纳特·“金”·科尔来说，这是一张爵士色彩最浓的唱片。作为独奏嘉宾参加正规节奏部的有哈里·艾迪生 (Harry Edison)、威利·史密斯 (Willie Smith)、斯塔夫·史密斯 (Stuff Smith) 等各路精英。不流于新潮，不失于保守，不咄咄逼人，却又难以替代——的确是职业高手在美好时代留下的佳作。

并非即兴演奏，而是独具匠心，每一首由一个人独奏，就好像一伙下班途中信步走进爵士乐俱乐部的音乐家应邀走上舞台随便“玩”几首——想像一下这样的气氛好了。这方面的策划的确得心应手，饶有兴味。

其中我认为最值得称道的是《有时候我快活》(Some times I'm

Nada 97

Happy) 中斯塔夫 · 史密斯的演奏。这是迄今录制的小提琴独奏中最具感染力的作品之一，务请瞧不起爵士小提琴演奏的人听一听。史密斯亮丽的小提琴声在细嚼慢咽一般字字句句唱得有板有眼的纳特 ·“金”· 科尔背后不即不离而又那么温润深邃，让人心神荡漾。每次听得此曲，都油然泛起一股恋情。

午夜之后

AFTER MIDNIGHT(Capitol W-782)

纳特·“金”·科尔 (1917—1965)

生于亚拉巴马州。1939 年同奥斯卡·摩尔 (Oscar Moore) 等人组成“金”·科尔三重奏乐队，成为钢琴、吉他、低音大提琴对等演奏的现代钢琴三重奏的原型。后来成为流行歌手，以其甜美低沉的歌声深受欢迎。这一时期他不仅是优秀的爵士歌手，而且是一流的钢琴演奏家。其演奏深受厄尔·海恩斯 (Earl Hines) 的影响，以爽净利落的指法和轻快的摇摆感称雄于世。

“晕眩”吉尔斯比（Dizzy Gillespie）

以最鲜明的形象象征40年代风靡一世的“比博普”爵士乐的，说起来还是“晕眩”吉尔斯比。蓝色贝雷帽、时髦的黑框眼镜、下巴上的山羊胡、松松垮垮的ZOOT SUIT[①]，向上翘起的形状奇特的小号，以及台上标新立异的言行举止，都已超出他个人标志的范围，而成为当时音乐场面给人印象最深的符号之一。

话虽这么说，在相隔五十年的时间跨度登高望去，恐怕任何人都会看出：自然之子查理·帕克身后留下的创造性的优秀演奏作品，无论深度还是广度都凌驾于吉尔斯比五彩缤纷才华横溢的（时而以睿智见长的）演奏之上。或许可以这样表达——如果说查理·帕克是光芒四射的神话，“晕眩”吉尔斯比便是优美

① 20世纪40年代初流行于爵士乐迷中的大翻领、宽肩、上衣及膝而裤子窄瘦的一种套装。

M. Wada 97

动人的传说。

当然，一听帕克和吉尔斯比的合作演出即听得出来，其实两人是在针锋相对地互相启发、互相取长补短。每当帕克即将在香醇的旋律和形象的泉水中翻滚沸腾或消融之时，吉尔斯比便果断地吹入新鲜气流以加固堤防，而于烟笼雾罩之时则以利刃将其划裂。也许可以说吉尔斯比扮演的是吃亏角色。同时也有这样一个原因：在帕克、鲍威尔、蒙克这些各有怪癖的“对人畜有害”的英雄豪杰为所欲为的当时，具有较为正常的平衡感的他只好担任发言人这个角色，无论情愿还是不情愿。

尽管如此，吉尔斯比音乐释放的那种野性、那种伏都教式的疯狂，却是任何人都无法模仿的独特东西。那是从灵魂深处无可遏止地鼓涌喷发出来的，而非人造之物。吉尔斯比音乐的真正魅力，我想恐怕就在于此类土著性和冷峻的现实性相互排斥而又自然融合的奇妙的兼容之中。如果说帕克音乐中缺少什么，缺的不就是这种并无道理可讲的自我矛盾和无序么？

就帕克死后的情况而言，较之吉尔斯比在小型乐队中的即兴演奏，我更想称赞由他领导的中型乐队以至大乐队的演奏。

在新港
AT NEWPORT (Verve MGV-8242)

“晕眩”吉尔斯比 (1917—1993)
生于南卡罗来纳州。参加过卡伯·卡罗维乐队。1944年转入比利·艾克斯泰因乐队，翌年组建自己的大乐队。大约从那时开始，同查理·帕克一起为“比博普”爵士乐的形成发挥了核心作用。嗣后担任文化使节，对爵士乐地位的提高亦有贡献。终身作为伟大的小号手活跃于乐坛，其开朗的性格和鼓起双腮吹奏的形象广受人们喜爱。

那种编组规模的爵士乐在当时已风光不再，对于吉尔斯比这又是一个不幸。但是演奏本身水平极高。从其富有战斗性且高度集中的声音汇集而成的洪流中，我们可以听出灵魂走火入魔般的大起大落的律动。其中有热烈的庆典和祭礼，有对魂灵的安抚，有令人神往的极度成熟。遗憾的是，那里早已不存在帕克的因素。

这张新港 (Newport) 现场录音唱片，阵容中拥有李 · 摩根 (Lee Morgan)、本尼 · 高尔森 (Benny Golson) 这样虎虎生威的后起之秀，足以领略吉尔斯比作为组织者和独奏号手的战斗力和潜力——分解与综合。

迪克斯特·戈登 (Dexter Gordon)

迪克斯特·戈登总是让我想起树的形象，而且是原野正中耸立的一棵古老的大橡树。迪克斯特·戈登是一位次中音萨克斯手，高个头，适合戴帽子，仪表堂堂，沉默寡言。尤其到了晚年，他将吸毒造成的伤害和脱离国籍的孤独恰如树影一样静悄悄地投于脚下的地面。

喜欢上迪克斯特·戈登的音乐，是在进大学以后。当时正闹学潮，周围男女在爵士乐酒吧大听特听约翰·科特兰和阿尔伯特·艾勒 (Albert Ayler) 等人的音乐，我则陶醉于更早些的博普爵士乐。最先听的迪克斯特·戈登是萨伏伊 (Savoy) 公司的唱片。那时迪克斯特还年轻，几乎不知畏惧为何物，只管随心所欲、自由自在地吹奏"迪克斯特乐句"。他和同伴瓦德尔·格雷 (Wardell Gray) 合作演奏的足以将人灼伤的火热粗犷的次中音合奏《追逐》

(The Chase) 也很精彩。查理·帕克自然不同凡响，不过迪克斯特是我心目中的英雄之一，光是听到“迪克斯特·戈登”这个名字胸口都怦怦直跳。我可以从这几个音节中真切地嗅出爵士乐的硝烟，正如“阿尔法·罗密欧”这个名字让车迷把持不住一样。

但是，我对后期的迪克斯特没有多少兴致，因为脑海里总是装着他年轻时的飒爽英姿。60 年代他积极革新演奏风格时在蓝色音符 (Blue Note) 公司的录音我的确常听，但那以后的演奏无法使我投入全副身心。有什么从那里失去了，我觉得。

失去的东西大约就是那股“硝烟味儿”，还有怦怦的心跳。将迪克斯特主演的电影《午夜时分》(Round Midnight) 坚持看到最后是相当难受的事。因为对我来说，那是一种失落的记录——电影的质量如何暂且不谈，是被时间流沙吞没之物的失却气味的残骸。当然，那不是任何人的责任，任何人都不能怪罪。

尽管这样，若让我选一张迪克斯特的唱片，在此我还是——自己都感到不可思议——举出美国哥伦比亚公司 1976 年现场录制的唱片。在质量上比它更好的演奏还能举出若干，但文章写到这里，越想越觉得不能不选这张——为了表达对迪克斯特这

Vada 92

位孤高而诚实的音乐家的敬意。

重返久违的美国的迪克斯特登上纽约“先锋村”舞台，在伍迪·肖（Woody Shaw）和路易斯·海耶斯(Louis Hayes)正规双头乐队——除去瑞恩·麦克伦(Rene Mclean)——的热情伴奏下，以异乎寻常的昂扬斗志和激越情怀吹奏《我们的人》(Our Man)，吹得硝烟弥漫，硝烟！

回家

HOMECOMING (Columbia PG-34650)

迪克斯特·戈登 (1923—1990)

生于洛杉矶。40 年代作为比利·艾克斯泰因乐队的次中音萨克斯手活跃于乐坛。与同为次中音萨克斯手的瓦德尔·格雷的合奏亦广受欢迎。50 年代因吸毒处于停滞状态。录制完《人在巴黎》(Our Man In Paris, 1963) 之后定居欧洲。多年后重返美国录制了这两张一套的《回家》(Homecoming, 1976)。晚年虽然身体欠佳，但仍主演了电影《午夜时分》，引起公众关注。

路易斯·阿姆斯特朗（Louis Armstrong）

路易斯·阿姆斯特朗13岁时因无谓的淘气被警察逮捕，关进新奥尔良的“流浪儿之家”。“家”里的生活对于受母亲疼爱的路易斯来说是严酷而痛苦的，但同乐器的相遇化解了他的孤独。自那以来，音乐对于路易斯便如空气一般必不可少。

参加“流浪儿之家”乐队之初，他得到的乐器是一个手鼓，不久换成鼓，继而变为小号。院内负责吹小号叫早、吃饭、熄灯的少年因故离开以后，路易斯突然被指派担当这一角色。他十万火急地学得小号的吹法，漂亮地完成了替代任务。

事情不光是这样。人们还发现——不能不发现——生活中出现了不可思议的变化：自从路易斯吹小号以后，不知为什么，大家每天都醒得非常舒适、睡得非常安然。怎么回事呢？原来是路易斯所吹小号的音色十分自然、十分流畅的缘故。

M. Wada 92

我非常喜欢斯塔兹 · 泰可恩在《爵士巨人》(Giants of Jazz, 1957) 这本书中介绍的这则逸闻，因为它几乎说明了路易斯 · 阿姆斯特朗创造的音乐的一切。舒适、安然、自然、流畅，以及比什么都能使听者心境彻底为之一变的难以置信的“魔术指法”(magic touch)。

路易斯 · 阿姆斯特朗的音乐让我们始终感受到的是：此人的的确确是在以发自心底的欣喜演奏音乐。迈尔斯 · 戴维斯敬佩路易斯 · 阿姆斯特朗的音乐，但严厉批评他在台上面对白人听众龇牙微笑的“艺人性”。不过据我想像，路易斯应该是真的喜不自胜——自己这么活着、这么从事音乐创作，人们又这么侧耳倾听，仅此一点就足以让自己感到无比幸福，因而没等多想什么便自然而然露齿绽笑。

路易斯 · 阿姆斯特朗是与新奥尔良的葬礼进行曲乐队一同成长的几乎最后一位爵士音乐家。那是一种为了安抚送葬人的心情和为了在从墓地返回的人们心里激起生之喜悦的实用性音乐。路易斯音乐的目的只有一个，那便是往人们的耳底和心底传送音乐。

路易斯·阿姆斯特朗画像
A PORTRAIT OF LOUIS ARMSTRONG 1928 (CBS / SONY 20AP-1466)

路易斯·阿姆斯特朗 (1900—1971)
生于新奥尔良。1924 年加入弗莱彻·汉德森 (Fletcher Henderson) 乐队，1925 年在芝加哥录制第一张独奏作品。此后几年其乐队录制的音乐均为经典之作，成为今天所有爵士乐的原型。绰号 Satchmo(“背包嘴”的缩写)。他不但是伟大的小号演奏家，而且是爵士乐发展史上第一位天才音乐家，包括其歌声在内，对爵士乐坛的影响无可估量。

小号手经常把自己的乐器称为“chopper”，即剁肉刀的意思。最后让我们听一下1928年录制的《西区布鲁斯》(West End Blues) 这场粗犷刚劲、石破天惊的演奏，那样你就肯定能理解他手中的“chopper”是何等的无坚不摧，而他因此感到了何等的幸福。

塞隆纽斯·蒙克（Thelonious Monk）

有一段时期我近乎宿命地为塞隆纽斯·蒙克的音乐所吸引。每次听得蒙克那超凡脱俗——如同以奇妙的角度削凿坚冰——的钢琴声，我都心想这才是爵士乐，甚至从中得到温暖的慰藉。

浓浓的黑咖啡、堆满烟头的烟灰缸、JBL大型组合音箱、刚读开头的小说（例如福克纳）、秋天最初的毛衣、都市一角冷冰冰的孤独——如此情景在我心中总是马上同塞隆纽斯·蒙克结合在一起。即使现实当中几乎同哪里也结合不上，它也还是如同一幅拍得极好的照片，以其美丽的均衡留在我的记忆中。

蒙克的音乐固执而温柔、睿智而偏颇，从中产生的一切——理由自是不得而知——全都无可挑剔，对我们身上的所有部分都有无法撼动的感染力。打个比方，他的音乐仿佛毫无征兆地倏忽而至并将一个非同一般的东西轻轻放在桌面又径自悄然消遁的“神秘人物”。主动体验蒙克即意味着接受一个谜。迈尔斯和科特兰无疑是天才音乐家，但他们一次也不曾是真正意义上的“神秘人物”。

至于蒙克的音乐是从哪里开始失去其原有光环并且不再神秘的，坦率地说，我已记不大清楚了。后期作品中，《地铁》(Underground) 我固然非常喜欢，奇怪的是其前后的作品却没有印象。一如蒙克的形象不知不觉之间渐渐淡化一样，那一幕幕场景的神秘性和均衡也一点点离我而去，而不得要领的无神话时代（20 世纪 70 年代）接踵而至。

这张《5 蒙克 5》(5 by Monk by 5) 标题对称的唱片，是我在新宿花园神社附近的“丸美”唱片店买的。进口唱片，以我当时的钱袋来说价格相当昂贵。我要买雷德·贾兰德 (Red Garland) 的声望版唱片，店主劝道：“年纪轻轻的，别买那么无聊的东西。买这个好好听去！”结果几乎被强制性买下。好一个怪老头儿。

不过他说的确实很对。这张唱片翻来覆去听了很久，百听不厌。所有的声音、所有的乐句都浸满了永不枯竭的营养。而作为年轻人的特权，我拼命吸取那些营养，直至其充满每一个

M. Wada '92

细胞。那段时间，上街走路也满脑袋都是蒙克的音像转来转去。我很想对一个人诉说蒙克的音乐如何美妙，但无法找到贴切的语言。

当时我想，那也是孤独的一种无奈形式。不坏！寂寞，但是不坏。我觉得那时候自己是在一个劲儿搜集各种孤独形式，一边吸烟——吸了很多很多——一边搜集。

5 蒙克 5

5 BY MONK BY 5 (Riverside RLP-1150)

塞隆纽斯·蒙克 (1920—1982)

生于北卡罗来纳州。1940 年成为哈莱姆区敏顿剧院的驻场钢琴手，得以崭露头角。1947 年录制第一张独奏唱片。作为作曲家，他创作了《午夜时分》(Round Midnight)、《蓝色蒙克》(Blue Monk)、《鲁比，我的宝贝》(Ruby, My Dear)、《回归正常》(Epistrophy) 等诸多名曲，并以不和谐的和声和踉跄般的时间感加以演奏，创造出独一无二的孤高的音乐世界。

莱斯特·扬（Lester Young）

将莱斯特·扬、科尔曼·霍金斯 (Coleman Hawkins) 和本·韦伯斯特 (Ben Webster) 并称为博普之前的三大次中音萨克斯手，恐怕任何人对此都没有异议。霍金斯高屋建瓴、雄心勃勃的乐句划分，韦伯斯特端庄匀称、单刀直入而富有摇摆感的音乐情境，相比之下更为追求灵魂自由飞翔的莱斯特·扬的柔曼而恣肆的抒情——这些优秀音乐即使以现在的耳朵听来也决不觉其落伍。

三人之中，我个人最为倾心的是莱斯特·扬。最初意识到莱斯特是在听美国哥伦比亚唱片公司发行的比莉·霍丽戴 30 年代后半期录音的时候。进入间奏的次中音萨克斯独奏委实美妙得无可言喻，令人心醉神迷。查阅唱片分类目录，得知伴奏的是贝西伯爵乐队（或实质上是其成员），担任次中音萨克斯独奏的是莱斯特。

Wada 92

莱斯特的独奏一听就听得出。在所有次中音萨克斯手都声嘶力竭高歌猛进的大乐队时代，唯独他低吟浅唱，充满悲天悯人之情。声音组合水到渠成，仿佛在向自己倾诉什么。他以更大的架构捕捉节奏，将更恢宏的世界观带给爵士乐。这同比莉·霍丽戴在声乐世界里的追求十分相似。然而这种创新精神给两人带来了沉重负担，遗憾的是双方都不具有足以忍受现实重压的顽强毅力。

因此，以我的心情来说，作为莱斯特最好的唱片我很想推举他同比莉·霍丽戴——也是其太太——之间产生的优美温馨的合作录音，但在比莉·霍丽戴一节里已就此谈过了。所以在此我想举出相隔很久录制的《普雷斯与泰迪》(Pres And Teddy)(神韵)作为我喜爱的唱片。说偶然也算是偶然，一同演奏的泰迪·威尔逊也作为比莉·霍丽戴的伴奏者长期发挥了重要作用。可惜神韵时代的莱斯特·扬的演奏水平相当参差不齐，而1956年1月他同泰迪·威尔逊合作演奏的两场即《普雷斯与泰迪》和《爵士巨人56》(Jazz Giants 56)则曲曲出类拔萃、天衣无缝。特别是在叙事曲《路易斯》(Louise)中，莱斯特的音色所传达的温煦，

普雷斯与泰迪

PRES AND TEDDY(Verve MV-2507)

莱斯特·扬 (1909—1959)

生于密西西比州。1933 年参加本尼·莫顿 (Benny Morton) 乐队。1936 年以后主要担任贝西伯爵乐队的次中音萨克斯手，留下许多轻松抒情的名作。多次同比莉·霍丽戴同台演出，称对方为“戴女士”(Lady Day)，而他也得到了“Pres”(意为总统)的绰号。残酷的从军生涯给他造成了精神创伤，而求助于吸毒和酗酒更缩短了其生命旅程。

听过一次便无法忘怀。感觉上就好像音乐自然而然通过他的身体，未等体温下降便倏然溢向周围空间。

“音乐自是无可挑剔，可乐器糟得让人看不上眼。”有人这样回忆莱斯特，“乐器是便宜货，又用橡皮筋、胶水或口香糖什么的黏合在一起。不过发出的声音的确好上天了。”

好男儿莱斯特·扬的奇闻逸事当中，我最中意的就是这一则。是的，非那样不可，我想。

后记

村上春树

一次偶然迷上爵士乐这种音乐。自那以来，同爵士乐一起度过了人生大部分时间。对我来说，音乐始终是极其宝贵的东西，而其中不妨说爵士乐占有着特殊位置。一段时期我甚至把它当作工作来做。

但也许是因为这层关系，若让我就爵士乐新写点什么，我却有点望而却步。同它贴得实在太紧了，因此一考虑起从哪里写起以及写到哪里为止，心情就渐渐沉重起来。

好在和田诚给我看了几张他画的爵士音乐家肖像。看罢心想：唔，不错不错，这样就写得出了。看和田的画作的时间里，这些音乐家身上浸染的仿佛固有旋律那样的东西倏然浮上我的脑际，觉得直接将其转换成文字即可大功告成。因此我得以写得非常自然非常愉快。也就是说，“有画在先”，我随后配上文字——这一作业顺序在这本书里甚是畅通无阻。

尤其让我佩服的是和田对二十六名音乐家的选法。我深以为若非真正喜欢爵士乐的人是不会这样挑选的，在这上面我个人也怀有十二分同感。索尼·罗林斯 (Sonny Rollins) 和约翰·科特兰诚然未能入选（代之以比克斯和蒂加登），不过你不妨认为这正是此书不同寻常的潇洒处。

译者按：此书的翻译，有幸得到音乐工作者北京颜峻先生极可贵的帮助，并参阅了程工著《20 世纪的灵感——爵士乐》（世界图书出版公司 1998 年版）和王昕著《爵士乐的一个世纪》（上海文化出版社 2001 年版），在此谨致谢忱。

图书在版编目（CIP）数据

爵士乐群英谱／（日）村上春树著；（日）和田诚画；林少华译.
—上海：上海译文出版社，2013.10（2020.4重印）
ISBN 978-7-5327-6322-1

Ⅰ.①爵… Ⅱ.①村… ②和… ③林… Ⅲ.①爵士乐－演奏家－生平事迹－日本－现代 Ⅳ.①K837.125.76

中国版本图书馆CIP数据核字（2013）第161133号

图字：09-2000-475号

爵士乐群英谱
〔日〕村上春树 著 〔日〕和田诚 画 林少华 译
责任编辑／沈维藩 装帧设计／张志全工作室

上海译文出版社有限公司出版、发行
网址：www.yiwen.com.cn
200001 上海福建中路193号
浙江新华数码印务有限公司印制

开本 890×1240 1/32 印张4.5 字数33,000
2013年10月第1版 2020年4月第3次印刷
印数 11,001-13,000 册

ISBN 978-7-5327-6322-1 / I · 3780
定价：34.00元